BEI GRIN MACHT SICH IHR WISSEN BEZAHLT

- Wir veröffentlichen Ihre Hausarbeit, Bachelor- und Masterarbeit

- Ihr eigenes eBook und Buch - weltweit in allen wichtigen Shops

- Verdienen Sie an jedem Verkauf

Jetzt bei www.GRIN.com hochladen und kostenlos publizieren

Bibliografische Information der Deutschen Nationalbibliothek:

Die Deutsche Bibliothek verzeichnet diese Publikation in der Deutschen Nationalbibliografie; detaillierte bibliografische Daten sind im Internet über http://dnb.d-nb.de/ abrufbar.

Dieses Werk sowie alle darin enthaltenen einzelnen Beiträge und Abbildungen sind urheberrechtlich geschützt. Jede Verwertung, die nicht ausdrücklich vom Urheberrechtsschutz zugelassen ist, bedarf der vorherigen Zustimmung des Verlages. Das gilt insbesondere für Vervielfältigungen, Bearbeitungen, Übersetzungen, Mikroverfilmungen, Auswertungen durch Datenbanken und für die Einspeicherung und Verarbeitung in elektronische Systeme. Alle Rechte, auch die des auszugsweisen Nachdrucks, der fotomechanischen Wiedergabe (einschließlich Mikrokopie) sowie der Auswertung durch Datenbanken oder ähnliche Einrichtungen, vorbehalten.

Impressum:

Copyright © 2013 GRIN Verlag, Open Publishing GmbH
Druck und Bindung: Books on Demand GmbH, Norderstedt Germany
ISBN: 9783668503946

Dieses Buch bei GRIN:

http://www.grin.com/de/e-book/372223/der-prozess-des-verstehens-und-missverstehens-in-der-zwischenmenschlichen

Alexander Zerfas

Der Prozess des Verstehens und Missverstehens in der zwischenmenschlichen Kommunikation

GRIN Verlag

GRIN - Your knowledge has value

Der GRIN Verlag publiziert seit 1998 wissenschaftliche Arbeiten von Studenten, Hochschullehrern und anderen Akademikern als eBook und gedrucktes Buch. Die Verlagswebsite www.grin.com ist die ideale Plattform zur Veröffentlichung von Hausarbeiten, Abschlussarbeiten, wissenschaftlichen Aufsätzen, Dissertationen und Fachbüchern.

Besuchen Sie uns im Internet:

http://www.grin.com/

http://www.facebook.com/grincom

http://www.twitter.com/grin_com

Universität Erfurt

Veranstaltung: Die Grundeinheit der sprachlichen Kommunikation.
Linguistische Beschreibungseinheiten menschlicher Rede

Der Prozess des Verstehens und Missverstehens in der zwischenmenschlichen Kommunikation

von
Alexander Zerfas

Hauptfach: Anglistik
Nebenfach: Slawistik

SS 2013
07.08.2013

Inhaltsverzeichnis

1. Einleitung 1

2. Das Missverständnis 2

2.1 Interkulturelle Missverständnisse 2

2.2 Typologisierung von Missverständnissen 3

3. Verstehen 4

3.1 Signalisierung von Verständnis 5

4. Missverstehen 6

5. Schlussbemerkung 8

Literaturverzeichnis 9

1. Einleitung

Der Grundvorgang einer zwischenmenschlichen Kommunikation erfolgt gewöhnlich immer gleich. Der Sender ist gewillt etwas mitzuteilen und verschlüsselt das Anliegen in erkennbare Zeichen. Der Empfänger hat nun die Aufgabe diese Nachricht zu entschlüsseln. In der Regel gelingt es mühelos dem Kommunikationspartner zu folgen und das Empfangene zu decodieren, nichtsdestotrotz kommt es oft vor, dass die gesendete Nachricht mit der empfangenen nicht ganz übereinstimmt. Tritt solch eine Störung ein, registrieren wir sie gewöhnlich als ein Missverständnis.

Betrachtet man Kommunikationsereignisse, fällt schnell auf, dass Verstehen und Missverstehen eine essenzielle Rolle in einem funktionierenden Gespräch einnimmt. Ob durch falschen Einsatz der Stimme, schlechte Mimik und Gestik, durch eine komplizierte Ausdrucksweise, Mehrdeutigkeit oder einfach mangelnde sprachliche Kompetenz, sind Missverständnisse ein großer Teil der alltäglichen Kommunikation und haben dementsprechend auch in der Soziolinguistik eine Daseinsberechtigung.

Die folgende Ausarbeitung soll sich mit dem Begriff des Missverständnisses näher befassen. Unter Einsatz von Fachliteratur, soll neben dem Versuch eine Definition aufzustellen, auch auf eine Typologisierung und die besondere Form des interkulturellen Missverständnisses eingegangen werden.

Im zweiten Abschnitt wird der Prozess des Verstehens und Missverstehens aus sprachwissenschaftlicher Sicht und mit Unterstützung von sowohl deutschen, als auch Beispielen in der Russischen Sprache näher betrachtet, wobei der Fokus auf verbale und nonverbale Einheiten gelegt wird, welche Verständnis und Missverstehen in Gesprächen signalisieren.

2. Das Missverständnis

Im Prozess der Kommunikation sind alle Beteiligten gemeinsam am Entstehen des Sinns dieser jeweiligen Kommunikationssituation beteiligt. Verständigungsprobleme auf der Inhaltsebene wie auch auf der Beziehungsebene führen allerdings oft dazu, dass der Sinn der gemachten Aussagen von einer der agierenden Parteien nicht erkannt wird oder erkannt werden kann, was folglich zu Kommunikationsproblemen wie dem Missverständnis führt. Meist basieren diese auf falscher auditiver Auffassung (Verhörern), Referenzproblemen oder Mehrdeutigkeit (vgl. Hinnenkamp 1998: 12).

Eine sehr umfangreiche Auseinandersetzung mit Missverständnissen anhand von empirischen Untersuchungen stammt von Volker Hinnenkamp. "Missverständnisse sind ein frequenter und allgegenwärtiger Bestandteil des alltäglichen kommunikativen Daseins." (ebd. 314). Die laut Hinnenkamp in der Linguistik am weitesten verbreitete Definition der Missverständnisse ist die der Diskrepanz zwischen Intendiertem und Verstandenem (vgl. ebd. 55).

Das Missverständnis schließt Verstehen jedoch nicht völlig aus. Es beinhaltet durchaus ein Verstehen, aber lediglich ein falsches. Missverständnisse sind folglich Umwege des Verstehens, die einen Mehraufwand, eine Bearbeitung und eine Korrektur der Kommunikationsteilnehmer erfordern, um das Gespräch auf den rechten Weg zurückzuführen (vgl. ebd. 12).

2.1 Interkulturelle Missverständnisse

Darüber hinaus besteht das Phänomen der interkulturellen Missverständnisse. Diese entstehen, wenn Angehörige zweier verschiedener Kulturen die Kontakt- und Interaktionssituation, in der sie einbezogen sind, unterschiedlich und widersprüchlich interpretieren und dementsprechend handeln. Dies ist der Fall, wenn die Kommunikationsteilnehmer aus zwei historisch unterschiedlich geprägten Erfahrungsräumen stammen und keinen gemeinsamen „subjektiv gemeinten Sinn" besitzen, sodass sie in zwei kaum zu vereinbarenden Entschlüsselungsmechanismen agieren (vgl. Giordano 1992: 205).

Kommunikationsbarrieren bestehen folglich, wenn beide Partner unterschiedliche Codes benutzen. Dies ist allerdings nicht nur dann der Fall, wenn Ausländer mit Einheimischen sprechen, sondern auch unter den Einheimischen selbst gelten unterschiedliche Codes, wie beispielsweise verschiedene Dialekte (vgl. Löffler 2005: 40). Komplizierter wird es dagegen, wenn vordergründig dieselbe Sprache gesprochen wird, aber unterschiedliche Kommunikationsgewohnheiten aufeinander stoßen. Diese äußern sich zum Beispiel in unterschiedlichen Verhaltensweisen und Gesprächsbenehmen, die man mit dem Volkscharakter, der Geschlechtszugehörigkeit, mit unterschiedlichen historischen Entwicklungen und Erziehungs- und Verhaltensstilen im Elternhaus, in der Schule und der Öffentlichkeit in Zusammenhang bringt. Genannte subkulturelle Unterschiede bringen dann vielfach Missverständnisse auf der Beziehungsebene mit sich (vgl. ebd. 37 ff.). Missverständnisse, in den aufgezeigten Formen, erweisen sich als Störungen des Kommunikationsablaufs und sind, wo sie auftauchen, Hindernisse im Gesprächsverlauf, die es gilt auszuräumen und zu überwinden.

Funktionierende Kommunikationen basieren sowohl auf interaktiven-, als auch auf interpretativen Leistungen, die wiederum in interaktive umgesetzt werden. Folglich kommt es zu Schlussfolgerungen und Deutungen, um die Signale, Implikationen, und das Gesagte des Gegenübers auf der Inhaltlichen und beziehungsmäßigen Ebene zu verstehen (vgl. Hinnenkamp 1998: 61). Wird nun solch ein Signal anders als beabsichtigt gedeutet, reden wir von einem Missverständnis, welches aber meist unerkannt bleibt. Eine Vielzahl solcher Missdeutungen führt zu einer Kette von Missverständnissen und belastet dementsprechend den Gesprächsakt. Solche Sequenzen von aneinandergereihten Missverständnissen sind nach Hinnenkamp typisch für interkulturelle Kommunikationssituationen (ebd.).

2.2 Typologisierung von Missverständnissen

Ein Missverständnis ist nicht einfach da, sondern muss als solches überhaupt erst einmal entdeckt werden. Laut Hinnenkamp lassen sich Missverständnisse nach ihrer äußeren und inneren "Manifestanz" ordnen. Die innere Ordnung beschäftigt sich mit der Binnenstruktur eines vorliegenden Missverständnisses, während die äußere Ordnung dagegen *manifeste*, *verdeckte* bzw. *versteckte* und *unbemerkte*

Missverständnisse umfasst. Manifeste Missverständnisse werden von mindestens einem der Sprecher metasprachlich thematisiert. *Verdeckte* bzw. *versteckte* Missverständnisse zeigen sich an, werden jedoch als solche nicht angesprochen. Bei der dritten Kategorie handelt es sich um Missverständnisse, die unbemerkt bleiben (vgl. ebd. 117f.). Falkner schlägt vor, "das für die Interaktanten manifeste *Missverständnis* vom durch die Beteiligten unbemerkten Zustand des *Missverstehens* begrifflich zu unterscheiden" (Falkner 2007: 197). Nach dieser Unterscheidung sei nur das Missverständnis systematischen analysierbar. "Missverstehen dagegen wird ja, solange es unerkannt bleibt, als Verstehen wahrgenommen." (ebd.).

3. Verstehen

Man könnte den Begriff des Verstehens allgemein als den Ablauf und das Ergebnis eines Prozesses bezeichnen, in dem ein Individuum eine Erscheinung oder einen Vorgang wahrnimmt und als Symbol, Zeichen oder Signal verarbeitet. Somit ist Verstehen nicht unbedingt an die Übermittlung sprachlicher Zeichen gebunden. Wenn z.B. Rauch wahrgenommen wird, könnte man das indexikalische Zeichen „Rauch" als Indiz für Feuer verarbeiten (vgl. Hartung 1974: 373). Bei bestimmten gesellschaftlichen Zeremonien oder Anlässen kann ein bestimmter Rauch nicht nur als ein Anzeichen für Feuer, sondern auch als Signal für ein spezielles Ereignis gedeutet werden.

Ein sehr passendes Beispiel hierfür ist die Wahl eines neuen Papstes, bei der weißer Rauch als Kommunikationsmittel zwischen dem Vatikan bzw. den Wahlbeteiligten und der Öffentlichkeit als Anzeichen für einen erfolgreichen Wahlgang fungiert. Die Deutung eines Signals, in diesem Fall der weiße Rauch, setzt das Besitzen bestimmter Muster im Gedächtnis des Verstehensprozess Trägers voraus, mit denen dieses Signal verglichen und in Beziehung gesetzt werden kann (vgl. ebd.).

Fleischer zufolge, ist Wahrnehmung die essenzielle Grundlage für Verstehen. Die Voraussetzung dafür ist das Vorhandensein von Kommunikation und das Funktionieren von kommunikativen Mechanismen. Das Verstehen selbst definiert er als „die Herstellung einer Übereinstimmung zwischen einem Ereignis und einem es betreffenden Ordnungsmuster" (Fleischer 1990: 157f). Lässt sich also nun das

Wahrgenommene im Rahmen des Musters interpretieren, also an sich anpassen oder modifizieren, kann vom Verstehen gesprochen werden (vgl. ebd.).

3.1 Signalisierung von Verständnis

Verschiedene Hörer stellen unterschiedliche Ansprüche an ihr Verständnis. Jeder Hörer versteht bei ein und demselben Gehörten unterschiedlich viel, aber auch unterschiedliche Inhalte. Verstehen ist ein interaktiver Prozess und wird aktiv vom Sprecher und Hörer angestrebt. Verstehen wird von den Gesprächspartnern laufend signalisiert und überprüft (vgl. Bublitz 2001: 1330 ff.): Der Sprecher versucht, durch verschiedene sprachliche Mittel das Verstehen seiner Aussage seitens des Hörenden zu sichern. Der Hörer signalisiert seinerseits das Verständnis durch Rückmeldeverhalten. Da der Verstehensakt ein mentaler Prozess ist, kann er im Text nur anhand von Reaktionen bezüglich des Verstehens gemessen werden. In den Reaktionen wird Verstehen, Missverstehen und Nichtverstehen explizit oder implizit geäußert. Explizite Äußerungen sind selbstverständlich leichter zu erkennen als implizite.

Reaktionen auf Verstehen in Gesprächen werden vielfältig geäußert. In der Regel werden dafür Verben wie *verstehen* (понимать), *meinen* (иметь в виду) oder *wissen* (знать) verwendet. Verstehen wird jedoch in den meisten Fällen implizit bestätigt und bleibt somit lautlos. Unterstützt wird dies oft durch mimische Gesten wie beispielsweise dem Nicken. Sprachliche Formen, mit denen der Hörende Verstehen signalisiert, sind außerdem "Formulierungsaufnahmen, Turnvervollständigungen und -fortführungen, Reformulierungen und Inferenzformulierungen, Verstehensthematisierungen, Selbst- und Fremd-Korrekturen und bestimmte Interjektionen" (Deppermann 2007: 230 ff.), wie z. B. "Ja, ja, das hab ich schon verstanden." ("Да да, я уже понял").

Das Verstehen von Gehörtem betrifft außerdem mehrere Elemente eines Gesprächs: Das akustische Verstehen, Verstehen der Sprecher- und Hörerrolle, das Verstehen der Wort- , Satz- , und Äußerungsbedeutung, des Gesprächsthemas und der thematischen Handlung, des Rahmens und der Textart, sowie der Gesprächsmaximen und des Textbezugs (vgl. Bublitz 2001: 1332 ff.).

Kriterien, die beim Verstehen bzw. Missverstehen eine Rolle spielen, werden in eine äußere und inhaltliche Ebene unterteilt. Die Äußerungsform einer sprachlichen Handlung umfasst hier allerdings die Sprechgeschwindigkeit, die Intonation, die Lautform, die syntaktische Form der Äußerung und die verwendeten lexikalischen Formen (vgl. Schäflein-Armbruster 1994: 498).

4. Missverstehen

Als Außenstehender ist es in vielen Fällen nicht möglich zu beurteilen, ob es sich nun um Missverstehen oder um Nichtverstehen handelt. Hinnenkamp spricht sich deutlich für eine Unterscheidung von Missverstehen und Nichtverstehen aus: "Unverständlichkeit und Missverständlichkeit werden dialogisch unterschiedlich behandelt und sind konstitutiv für eben diese Unterscheidung." (Hinnenkamp 1998: 123). Missverstehen wird prinzipiell solange als „Richtig-Verstehen" gehandelt, bis es entdeckt wird (vgl. ebd. 124).

Nach Humphrey-Jones, kann Missverstehen erst dann eintreten, wenn ein Kommunikationsteilnehmer explizit, also metakommunikativ tätig wird und das Missverständnis thematisiert (vgl. Humphrey-Jones 1986: 28). Entsprechend der Anordnung von Missverständnissen an einem Kontinuum anhand ihrer Manifestation können auch die Anzeichen, die auf Missverständnisse hindeuten, skalar angeordnet werden. Die folgende Beschreibung der Signale für Missverständnisse folgt der Anordnung von Hinnenkamp:

Explizite metakommunikative Feststellungen von Missverständnissen, die auf der von Hinnenkamp angelegten Skala ganz links angesiedelt sind, dürften nicht schwer zu erkennen sein. Derartige manifeste Missverständnisse werden selbst- oder fremd diagnostiziert, z. B. "Ich glaube, du hast mich missverstanden." ("Я думаю, ты меня неправильно понял.") vs. "Ich glaube, ich habe dich missverstanden." ("Я думаю, я тебя неправильно понял."). Weniger explizit, aber immer noch deutlich sind Reaktionen wie "Ach SO war das. Ich dachte..." ("Ах ВОТ как! Я думал..."), oder "Ach, jetzt verstehe ich!" ("А, теперь я понимаю!"), wo nicht mehr ausgeführt wird, dass ein Missverständnis vorgelegen hat, sondern bei dem nur noch der momentane Verstehensprozess betont wird. Als ein nonverbales, relativ deutliches Signal für

Missverstehen kann eine verzögerte Reaktionszeit stehen (Hinnenkamp 1998: 117ff.).

In dem von Hinnenkamp untersuchten Korpus werden Hinweise auf Missverständnisse sehr oft mit dem Verb *meinen* (иметь в виду) ausgedrückt, z. B. "Ich meinte, dass..." ("Я имел в виду, что..."), "Ich dachte, du meinst..." ("Я думал, ты имеешь в виду...") (vgl. ebd. 155ff.). Andere Indikatoren für Missverständnisse können auch einzelne Interjektionen sein, z. B. *ach, ach so* (Ах вот что) (vgl. ebd. 158ff.). Missverständnisklärungen werden manchmal auch mit dem Wort *nein* eingeleitet, z. B. "Nein, wie es DEINEM Bruder geht hab ich gefragt" ("Нет, я спросил, как дела у ТВОЕГО брата.").

Weniger explizite Anzeichen finden wir für Missverständnisse, die sich auf dem Manifestationskontinuum in der Mitte befinden. Bei derartigen Missverständnissen werden keine Verben wie *meinen* (иметь в виду), *denken* (думать) usw. verwendet, sondern es wird direkt auf einzelne fragwürdige Elemente eingegangen, z. B. durch eine fragende oder aussagende Wiederholung von missverständlichen Einheiten, z. B. "VerBAUT?"

Je undeutlicher Missverständnisse sich äußern, bzw. je weiter sie sich auf der rechten Seite des Manifestationskontinuums befinden, desto schwieriger wird es, sie an bestimmten Merkmalen zu erkennen.

Klärungssequenzen, Reparaturen und *Korrekturen* (vgl. ebd. 175) können ein Indiz für Missverständnisse sein, z. B. "Ah, ja, in der Schule!" ("Ах, в школе!"). Ebenso kann ein überraschender Tonfall oder ein thematischer Widerspruch auf ein Missverständnis hinweisen.

5. Schlussbemerkung

Missverständnisse im Alltag sind eine oft auftretende Erscheinung. Sie bilden einen großen Teil zwischenmenschlicher Kommunikation und können in manchen Fällen sogar über Leben und Tod entscheiden, oder dauerhafte historische Ereignisse hervorrufen.

Erkenntnisse aus anderen Forschungen, sowie Methoden wie der Dialoganalyse oder des Hörverstehens in einer Fremdsprache, könnten sicherlich zusätzliche Erkenntnisse bringen, die für die Analyse von schwer zu verstehenden Einheiten dieser Thematik eine Rolle spielen.

Allein die Tatsache, dass in verschiedenen Umständen Missverständnisse und Nichtverstehen nicht manifest gemacht werden, obwohl sie den Gesprächsteilnehmern bewusst sind, macht deutlich, dass die in Ansätzen dargestellte Systematisierung von Missverständnissen viel komplexer ist als sie hier thematisiert wurde und auf einen ersten Blick erscheinen mag.

Literaturverzeichnis

Brinker, Klaus/Antos, Gerd/Heinemann, Wolfgang/Sager, Sven: *Text- und Gesprächslinguistik*; 2. Halbband; Berlin, New York: Walter de Gruyter, 2001.

Bublitz, Wolfram (2001): *Formen der Verständnissicherung in Gesprächen* (2001); In: Brinker, Klaus/Antos, Gerd/Heinemann, Wolfgang/Sager, Sven: *Text- und Gesprächslinguistik*; 2. Halbband; Berlin, New York: Walter de Gruyter, 2001.

Falkner, Wolfgang: *Missverstehenshermeneutik* (2007); In: Hermanns, Fritz/Holly, Werner: *Linguistische Hermeneutik: Theorie und Praxis des Verstehens und Interpretierens*; Tübingen: Max Niemeyer Verlag, 2007.

Fleischer, Michael: *Information und Bedeutung – Ein systemtheoretisches Modell des Kommunikationsprozesses (und das Problem des Verstehens)*; Bochum: Universitätsverlag Dr. N. Brockmeyer, 1990.

Fritz, Gerd/Hundsnurscher Franz (Hg.): *Handbuch der Dialoganalyse*; Tübingen: Max Niemeyer Verlag, 1994.

Giordano, Christian: *Begegnung ohne Verständigung. Zur Problematik des Mißverständnisses bei Prozessen der interkulturellen Kommunikation* (1992); In: Hinnenkamp, Volker: *Missverständnisse in Gesprächen – Eine empirische Untersuchung im Rahmen der interpretativen Soziolinguistik*; Opladen, Wiesbaden: Westdeutscher Verlag, 1998.

Hartung, Wolfdietrich: *Sprache Kommunikation und Gesellschaft*; Berlin: Akademie-Verlag, 1974.

Hinnenkamp, Volker: *Missverständnisse in Gesprächen – Eine empirische Untersuchung im Rahmen der interpretativen Soziolinguistik*; Opladen, Wiesbaden: Westdeutscher Verlag, 1998.

Humphrey-Jones, Claire: *Resolving Misunderstandings* (1986); In: Hinnenkamp, Volker: *Missverständnisse in Gesprächen – Eine empirische Untersuchung im Rahmen der interpretativen Soziolinguistik*; Opladen, Wiesbaden: Westdeutscher Verlag, 1998.

Kämper, Heidrun/Eichinger, Ludwig (Hg.): *Sprache-Kognition-Kultur: Sprache zwischen mentaler Struktur und kultureller Prägung*; Berlin, New York: Walter de Gruyter, 2007.

Löffler, Heinrich: *Germanistische Soziolinguistik*; Berlin: Erich Schmidt Verlag, 2005.

Schäflein-Armbruster, Robert: *Dialoganalyse und Verständlichkeit* (1994); In: Fritz, Gerd; Hundsnurscher, Franz (Hg.): *Handbuch der Dialoganalyse*; Tübingen: Max Niemeyer Verlag, 1994.

BEI GRIN MACHT SICH IHR WISSEN BEZAHLT

- Wir veröffentlichen Ihre Hausarbeit, Bachelor- und Masterarbeit

- Ihr eigenes eBook und Buch - weltweit in allen wichtigen Shops

- Verdienen Sie an jedem Verkauf

Jetzt bei www.GRIN.com hochladen und kostenlos publizieren